Mario Molina

por Cynthia Guidici

Raintree

Chicago, Illinois

For information, address the publisher:
Raintree, 100 N. LaSalle, Suite 1200, Chicago, IL 60602

Printed and bound in China by South China Printing Company.
07 06
10 9 8 7 6 5 4 3 2 1

Library of Congress Cataloging-in-Publication Data:
Cataloging-in-Publication data is on file at the Library of Congress.

Acknowledgments
The publisher would like to thank the following for permission to reproduce photographs:
p.4, Newscom/Brian Snyder/Reuters; pp.6, 27 University of California, Irvine; p.9 Corbis/Becky Luigart-Stayner; p.10 Getty Images/Time Life Pictures/Peter Stackpole; pp.12, 16, 36 Molina Family album; p.19 Corbis/Danny Lehman; p.21 Photo Edit/ Cindy Charles; p.23 UC Berkeley; p.30 Science Photo Library/Cristina Pedrazzini; p.34 Getty Images/Photodsisc green; pp.40, 59 Corbis/Brooks Kraft; p.42 The Nobel Foundation; p.43 AP Wide World Photo/Martina Huber; pp.44, 50, 57 Luisa Molina; p.48 Getty Images/Stan Honda/AFP; p.52 White House; pp.55 Corbis/Stephanie Maze.

Cover photograph: Donna Coveney/MIT News.

Every effort has been made to contact copyright holders of any material reproduced in this book. Any omissions will be rectified in subsequent printings if notice is given to the publisher.

Special thanks to the Molina family for their help in the preparation of this book.

Algunas palabras aparecen en negrita, **así**. Encontrarás su significado en el glosario.

Contenido

Introducción 5

Capítulo 1: Los primeros años 11

Capítulo 2: Dejar el hogar en búsqueda de las ciencias..............17

Capítulo 3: El problema de la capa de ozono 25

Capítulo 4: Un hombre que no baja los brazos 37

Capítulo 5: El impacto de su trabajo 45

Capítulo 6: Ciencias para el cambio 53

Glosario 60

Cronología 62

Información adicional 63

Índice 64

Mario Molina es un químico que hizo descubrimientos importantes sobre las sustancias químicas que dañan la atmósfera terrestre.

Introducción

En muchas profesiones, las personas que se destacan reciben un premio. Tal vez conozcas a muchas de ellas. Todos los actores quieren ganar un Oscar®, y todos los músicos, un Grammy®. Para los científicos, el mejor premio, el más importante de todos, es el Premio Nobel. Los científicos que lo reciben saben que su trabajo es el mejor en su campo y que es importante para las personas de todo el mundo.

En 1995, Mario Molina, **químico** y profesor del Instituto **Tecnológico** de Massachusetts, conocido como MIT, recibió muy buenas noticias por teléfono: ¡el equipo de trabajo del que formaba parte acababa de recibir el Premio Nobel de Química! La **investigación** hecha por este equipo había cambiado nuestra manera de pensar sobre cómo las acciones de las personas afectan a nuestro planeta.

Mario Molina es el primer científico de origen mexicano en ganar el Premio Nobel de Química. Hoy recuerda cómo le cambió la vida ese reconocimiento: "Fue lo más inesperado y emocionante que me haya pasado", dice. "Hasta entonces, mi vida había sido muy tranquila:

Esta fotografía muestra a Molina trabajando en su laboratorio en 1974.

enseñaba química y hacía investigaciones sobre cómo las sustancias químicas afectan al medio ambiente. De pronto, mi nombre apareció en los diarios y en la televisión".

En realidad, Molina ya había sido noticia anteriormente. Gracias a la investigación que le valió el Premio Nobel, toda la humanidad había tomado conciencia de un grave problema. Junto con su **colega**, el Dr. Sherwood Rowland, descubrió que ciertas sustancias químicas provocaban daños en la atmósfera terrestre. Estas sustancias se llaman **clorofluorocarbonos** o, para abreviar, CFC. Los CFC son útiles en la vida cotidiana, pero también pueden ser muy dañinos.

Ya sabes que las plantas y los animales necesitan de la luz solar para vivir, pero ¿sabías que demasiada luz solar no nos hace bien? Por suerte, muy por encima de la Tierra, hay una capa de gas, el **ozono**, que impide que los rayos dañinos del sol lleguen hasta nosotros. Molina y su equipo se dieron cuenta de que los CFC destruyen el ozono de la atmósfera y que, por lo tanto, llegan más rayos solares dañinos a la Tierra.

Para no seguir provocando daños en la capa de ozono, Molina se dio cuenta que se debía dejar de usar CFC, pero esto no era nada fácil. Los CFC se usan en muchos artefactos y productos de uso doméstico, como los acondicionadores de aire, los refrigeradores y los aerosoles. Para dejar de usar los CFC, tendríamos que encontrar nuevas maneras de fabricar las máquinas que los usan. Y para eso haría falta mucho tiempo y dinero.

Molina y Rowland sabían que no sería nada fácil lograr que se hicieran estos cambios. La investigación que hicieron exigía cambios en la manera de hacer las cosas. Sabían que no todos querrían oír lo que ellos tenían para contar. Había momentos en los que Molina se sentía frustrado porque muchas personas no creían que los CFC estuvieran dañando la atmósfera.

Molina se sorprendió cuando este trabajo de investigación ganó el Premio Nobel porque él y Rowland habían luchado por años para que aceptaran su trabajo. Pero, desde la infancia, Molina sabía que quería ser químico. Sus estudios lo habían llevado a muchas partes del mundo. Estaba decidido a trabajar para cambiar las cosas y el Premio Nobel significó que había logrado su objetivo.

¿Qué es la química?

¿Por qué el pan crece de tamaño cuando lo horneamos? ¿Por qué el jabón forma burbujas, al menos por unos segundos? ¿Por qué hay que echar sal sobre una acera cubierta de hielo para que sea más seguro caminar sobre ella? La química responde éstas y muchas otras preguntas. La química es la ciencia de las sustancias. Los químicos estudian de qué están hechas las sustancias y cómo se comportan. También analizan cómo pueden **interactuar** entre sí y qué las hace cambiar.

Esta ciencia nació hace miles de años, cuando se quería encontrar una manera de convertir los metales en oro. Aunque nunca se pudo crear oro, los experimentos enseñaron mucho acerca de los diferentes tipos de sustancias que nos rodean. Este estudio de las sustancias de nuestro planeta fue el comienzo de la química moderna.

Hoy en día, los químicos saben que las sustancias están compuestas por **moléculas**. Una molécula es la parte más pequeña de una sustancia y tiene todas las características de esa sustancia. Los químicos estudian cómo actúan y reaccionan las moléculas.

Los científicos de todas las ramas de las ciencias necesitan saber de química, una ciencia que también forma parte de nuestra vida cotidiana. La próxima vez que le des un mordisco a una manzana, piensa en ella desde el punto de vista de un químico. ¿Qué cambios tuvieron que ocurrir, de semilla a planta joven, y de flor blanca a fruta con aroma y sabor, para que puedas comer la manzana? ¿Qué le pasará a la manzana cuando llegue a tu estómago? Si estas preguntas te resultan interesantes, ¡tal vez debas estudiar química!

La química suele estar presente cuando cocinamos. Cuando horneamos pan, el calor provoca un cambio químico que libera el gas dióxido de carbono, y eso hace que la masa se eleve.

Ésta es una fotografía de la Ciudad de México en la década de 1940. Mario Molina vivió allí durante su infancia y su adolescencia.

Capítulo 1:
Los primeros años

Mario José Molina nació en la Ciudad de México el 19 de marzo de 1943, hijo de Roberto Molina Pasquel y Leonor Henríquez de Molina. Su padre trabajaba como abogado y enseñaba derecho en una universidad. Tanto su padre como su madre creían que la educación era importante, así que apoyaban a Mario en sus intereses académicos.

De niño, Molina hizo la escuela primaria en la Ciudad de México, la capital del país. En esa época, aprendió a tocar el violín y hasta tuvo la fugaz idea de dedicarse a la música. Sin embargo, para cuando cumplió los once años, ya lo apasionaban las ciencias y tenía claro que quería ser investigador químico. Un **investigador químico** es un tipo de científico que hace experimentos con sustancias químicas. Como muchos otros científicos, los investigadores químicos deben tener mucha creatividad y buenas destrezas para resolver problemas.

Ésta es una fotografía de Mario Molina cuando era niño.

Los experimentos de niño

Cuando era un niño, Mario tenía un pequeño microscopio de juguete y un juego de química. Hacía experimentos con ellos, pero siempre bajo la guía de sus padres. "No provocaba explosiones ni hacía nada que fuera peligroso. Tampoco contaba con ninguna sustancia química venenosa", recuerda. "Se pueden hacer experimentos muy seguros".

Molina recuerda un experimento en particular. Colocó una hoja de lechuga en agua y la dejó allí unos días, hasta que se pudrió. Luego, puso unas gotas de esa agua bajo su pequeño microscopio y vio formas de vida minúsculas que nadaban en las gotas. "¡Pocas experiencias de mi vida se comparan con ese momento mágico!", recuerda entusiasmado. "Pude ver la lechuga podrida rebosar de vida y así pude observar con mis propios ojos lo que los científicos famosos habían descubierto hacía tantos años. Desde ese momento, me entusiasmé con las ciencias". Con la ayuda de su microscopio, Mario pudo comprobar por sí mismo que hasta el agua puede contener muchas formas de vida fascinantes.

El apoyo familiar

Molina tuvo la suerte de tener una familia que lo apoyaba. Como sabían que las ciencias eran importantes para él, sus padres dejaron que convirtiera un baño de la casa en un laboratorio de química. No todos los padres reaccionarían bien al hecho de que el baño se use para hacer experimentos de ciencias, pero los padres de Molina hicieron más que sólo tolerar el amor de su hijo por las ciencias.

"Mis padres me apoyaban y se alegraban con lo que yo hacía", recuerda Molina. Sus amigos, en cambio, "apenas lo toleraban". No entendían la fascinación de Molina por las ciencias. Para ellos, las ciencias eran algo que estudiaban en la escuela y que hacían de tarea en casa; nada más que eso. Sin duda, ¡no era eso lo que hacían para divertirse!

Molina también aprendió sobre las ciencias y sobre cómo trabajan los científicos cuando leía las biografías de grandes científicos. Además, tuvo importantes **mentores** en su vida. Varios maestros alentaron su interés por las ciencias. De hecho, su tía, Esther Molina, era química. Una vez que Molina aprendió lo básico de la química, ella lo ayudó a realizar experimentos más difíciles y hasta lo desafió a que hiciera trabajos de nivel universitario. Molina estaba a la altura de este desafío. Se pasaba horas en su laboratorio de química casero y, cada día, aprendía más y más sobre la química.

La educación en Suiza

En la familia de Molina, era una tradición que los hijos estudiaran unos años en el exterior. Así podían aprender otro idioma, conocer otra cultura y continuar estudiando entre amigos nuevos. Molina viajó a Suiza con sólo once años de edad. En ese entonces, muchos de los trabajos importantes sobre química se estaban haciendo en Alemania. Los suizos hablan alemán, y los padres de Molina sabían que hablar ese idioma ayudaría a su hijo en su carrera.

Molina disfrutó de su estadía en Suiza, pero le faltaba algo. Aún no había encontrado un grupo de amigos que disfrutaran de las ciencias tanto como él. Nadie de su edad compartía esa sensación de que "era muy emocionante descubrir cómo funciona la naturaleza".

Molina volvió a la Ciudad de México para ir a la preparatoria, de donde egresó en 1960. Ya sabía que quería ser investigador químico y decidió que la mejor manera de lograrlo era empezar la universidad de inmediato.

Ésta es una fotografía de Mario Molina durante su adolescencia.

Capítulo 2:
Dejar el hogar en búsqueda de las ciencias

En 1960, Mario Molina empezó a estudiar en la Universidad Nacional Autónoma de México, UNAM. Comenzó la carrera para obtener el título de químico y descubrió que un mundo nuevo se abría ante él. Por primera vez, estaba junto con un grupo de personas que compartían su amor por las ciencias.

Durante estos años, Molina aprendió lo que se necesita para ser un científico: "Lo primero que necesitas tener es curiosidad, el deseo de saber cómo funcionan las cosas. También necesitas creatividad porque quieres conocer cosas nuevas, las cosas que todavía no se descubrieron en la naturaleza. Hay que tener paciencia y hay que trabajar mucho. Pero tal vez lo más importante es que disfrutes de lo que hagas. Si es así, lo harás muy bien".

La Universidad Nacional Autónoma de México

Antes de estudiar en Alemania o Estados Unidos, Mario Molina asistió a la universidad en la Ciudad de México, donde obtuvo su primer título en ingeniería química. Molina estudió en una universidad famosa: la Universidad Nacional Autónoma de México, UNAM. Esta universidad se fundó hace mucho tiempo, en 1551.

La UNAM creció mucho a lo largo de los años. En la actualidad, más de 425,000 personas estudian contabilidad, química, derecho, música y muchas otras cosas. Esta universidad es la más importante de México. Allí, Mario Molina comenzó a construir una exitosa carrera como científico e investigador.

Hacia un título superior

Para 1965, Mario Molina iba camino a convertirse en un científico. Ese año, obtuvo el título de licenciado. Ya sabía que quería continuar estudiando para llegar a ser doctor en química.

Para obtener un doctorado, un estudiante tiene que pasar muchos años dedicándose a un área determinada de estudio para convertirse en un experto en esa área. Sin embargo, Molina sabía que aún no estaba preparado para las clases difíciles que necesitaba tomar para hacer el doctorado. Necesitaba tomar más clases de matemáticas y estudiar

Ésta es una fotografía de la Universidad Nacional Autónoma de México (UNAM).

física, que es la ciencia que estudia la energía y la interacción entre los objetos. También quería tomar más clases de físico-química, la rama de la química que sólo estudia las cosas que no tienen vida.

Molina decidió que, antes de hacer el doctorado, aprendería todo lo que le hacía falta. Así que fue a estudiar a la Universidad de Freiburg, en Alemania, donde pasó casi dos años explorando las maneras en las que se combinan los diferentes tipos de moléculas para formar una molécula nueva y más grande. Más tarde en su carrera, estos conocimientos lo ayudarían a comprender cómo interactúan los gases en la atmósfera. Molina terminó sus estudios en la Universidad de Freiburg en 1967.

Ahora Molina debía pensar en su futuro y en qué clase de investigación química quería hacer. En esta época, se tomó unos meses de descanso en París. Allí continuó estudiando matemática y se hizo de muchos amigos. Con ellos, debatía toda clase de ideas importantes sobre las artes, la política y las ciencias. Después de este breve descanso, estaba listo para continuar sus estudios de química.

Después de sus aventuras en París, Molina volvió a casa, a la Ciudad de México. Para entonces, ya sabía qué tipo de clases debía tomar un químico joven. También trabajó por un tiempo como ayudante de profesor en la UNAM, donde había estudiado.

Sin embargo, a Molina no le interesaba quedarse en la UNAM, así que se fue de México en 1968. Su destino era la Universidad de California, en Berkeley. Berkeley es la institución más antigua del sistema educativo de la Universidad de California. Desde la década de 1930, ofrece programas muy buenos en áreas como la física y la química. Allí se hicieron muchos descubrimientos importantes. Molina sabía que quería trabajar con otros científicos que sintieran el mismo entusiasmo que él por la química.

Sather Gate es un punto de referencia típico en el campus Berkeley de la Universidad de California.

Los estudios en Berkeley

Siempre dispuesto a aprender más, Molina estudió física, química y matemáticas durante su primer año en Berkeley. Al completarlo, dio un paso importante en su carrera: empezó a trabajar en un laboratorio de investigación dirigido por un científico llamado Dr. George Pimentel. Un laboratorio de investigación es un lugar donde un grupo de científicos trabajan juntos para estudiar un tema en profundidad. Hacen experimentos que pueden llegar a durar años, para saber más sobre nuestro mundo y sobre cómo funcionan las cosas. Muchos descubrimientos importantes se produjeron en los laboratorios de investigación.

George Pimentel, maestro y mentor

George C. Pimentel creció en Los Ángeles, estado de California. Hizo su carrera en la Universidad de California, en Los Ángeles, trabajando. Se recibió de químico en 1943. Luego se fue a Berkeley para trabajar en el Proyecto Manhattan, el programa secreto del gobierno que creó la primera bomba atómica durante la Segunda Guerra Mundial. Pero no estaba convencido de querer participar en la creación de una bomba, así que abandonó el proyecto y se unió a la marina. Trabajó en un submarino hasta el final de la guerra.

En 1946, Pimentel regresó a Berkeley para estudiar química. Se recibió de doctor en 1949. Se quedó a trabajar en Berkeley como profesor e investigador hasta su muerte, en 1989. Pimentel era una persona llena de energía y curiosidad, e hizo descubrimientos importantes en varios campos de las ciencias. Inventó una manera de estudiar cómo se forman las moléculas y qué es lo que las mantiene unidas. También desarrolló láseres para estudiar las reacciones químicas y la energía.

A la edad de 45 años, Pimentel presentó una solicitud de ingreso al programa de astronautas de la NASA y fue el primer elegido entre 1,000 candidatos. Lamentablemente, un problema de visión le impidió participar en el programa.

A Pimentel le encantaba enseñar y escribir sobre la química. Alentaba a los estudiantes de la preparatoria y la universidad a que se convirtieran en científicos. Uno de los muchos científicos que trabajaron con él y aprendieron de él fue Mario Molina, que lo recuerda de este modo: "Fue un maestro excelente y un mentor maravilloso. Su cariño, su entusiasmo y su aliento me dieron la inspiración necesaria para **perseguir** importantes preguntas científicas".

George Pimentel fue de gran influencia para Molina.

En el laboratorio, Molina trabajaba con **láseres químicos de alta potencia**, que eran instrumentos que había desarrollado el Dr. Pimentel. Estos láseres ayudan a los científicos a estudiar lo que pasa con las sustancias químicas cuando entran en contacto con la luz. Para usar los láseres, Molina aprendió a trabajar con otros instrumentos interesantes, como las líneas de vacío, que sacan el aire de los espacios cerrados. También examinó instrumentos especiales que pueden "ver" el calor. Con éstos y otros instrumentos, completó su primera investigación científica.

Molina estudió en Berkeley durante una época emocionante. Los estudiantes y los profesores reflexionaban y discutían a viva voz sobre muchos hechos importantes, como la Guerra de Vietnam. También fue una época en la que Molina tuvo que plantearse cómo podían usarse las ciencias. A menudo, las ciencias resuelven problemas y enseñan ideas nuevas y maravillosas. Pero a veces, se usan para hacer daño. "Recuerdo que estaba **consternado** por el hecho de que, en otros lugares, los láseres químicos de alta potencia se desarrollaran como armas", recuerda Molina. "Yo quería participar en investigaciones que fueran útiles a la sociedad, no en las que tuvieran propósitos que pudieran resultar dañinos".

Molina completó su doctorado en 1972 y se quedó en Berkeley un año más para seguir investigando. Se acercaba 1973, un año que traería cambios importantes y maravillosos que determinarían el rumbo de su vida.

Capítulo 3:
El problema de la capa de ozono

En 1973, Molina se fue de Berkeley para unirse a un nuevo equipo de investigación de la Universidad de California; esta vez, en Irvine. Este nuevo trabajo lo conduciría a recibir un día el Premio Nobel de Química.

Pero Molina no se había mudado solo a Irvine. Mientras trabajaba en el laboratorio del Dr. Pimentel, había conocido a una química llamada Luisa Tan. Se enamoraron y, en julio de 1973, se casaron. Desde entonces, comparten su trabajo como **colegas** y esposos.

El laboratorio de Irvine estaba dirigido por el Dr. Sherwood Rowland, un químico que había hecho importantes descubrimientos sobre la radiactividad. Toda la materia está compuesta por átomos, que tienen un núcleo con carga positiva. Alrededor del núcleo, se mueven electrones con carga negativa. Juntas, la carga positiva y la negativa determinan que el átomo tenga una carga neutra. Por lo general, los

El Dr. Sherwood Rowland

Mario Molina sabe que los científicos deben trabajar juntos para resolver problemas difíciles. Dice: "Uno de los aspectos más gratificantes de mi trabajo fue y es la interacción con un magnífico grupo de colegas y amigos…". Entre sus muchos colegas, hay uno que sobresale: su mentor y amigo Sherwood Rowland.

"Sherry" Rowland creció en una familia que disfrutaba aprendiendo. "Nuestra casa estaba llena de libros", recuerda, "y todos nosotros éramos lectores **ávidos**". En 1964, el Dr. Rowland se convirtió en el primer director del Departamento de Química de la Universidad de California, en Irvine. Ayudó a empezar y establecer el programa en ese lugar.

En 1972, el Dr. Rowland asistió a una conferencia sobre los CFC en la atmósfera. Esta conferencia cambió su carrera. Al año siguiente, Mario Molina se unió a su equipo de investigación para estudiar los CFC. Después de sólo tres meses, los científicos descubrieron que los CFC eran algo más que un tema interesante: eran una amenaza para la vida en la Tierra.

El Dr. Rowland publicó más de 300 artículos sobre química. Estudia cómo se forma el esmog y cómo la lluvia ácida afecta a las plantas. También investiga las sustancias químicas que podrían estar causando el calentamiento de todo el planeta. Recibió muchos premios hasta este momento; entre ellos, el Premio Nobel.

Molina asegura que el Dr. Rowland ha sido "un colega y un mentor maravilloso. Valoro mucho su amistad y los años en los que trabajamos juntos".

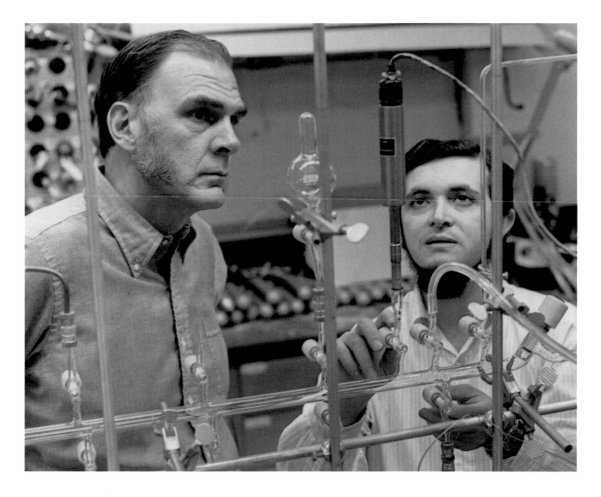

Rowland y Molina están trabajando en el laboratorio de la Universidad de California, en Irvine, en 1974.

átomos son estables, pero algunos pueden cambiar de repente al liberar energía. Esto se llama radiactividad.

El Dr. Rowland le ofreció a Molina muchos temas de estudio posibles. Molina decidió estudiar más sobre la química de la atmósfera. La atmósfera es la masa de gases que rodean la Tierra. Molina estaba ansioso por aprender qué les pasaba a ciertas sustancias químicas cuando llegaban a la atmósfera. En particular, decidió estudiar los clorofluorocarbonos (CFC), que son las sustancias químicas usadas en muchos artefactos y productos de uso cotidiano, como los refrigeradores, los acondicionadores de aire y los aerosoles.

A lo largo de los años, se habían acumulado muchos gases de CFC en la atmósfera. La mayoría de las personas creían que estos gases no producían un efecto importante en el medio ambiente. Molina quería averiguar si esto era cierto. Le entusiasmaba aprender algo nuevo, ¡pero no tenía la menor idea de que un día su trabajo atraería la atención mundial!

Los experimentos con los CFC

Rowland y Molina ya sabían cómo actúan los CFC cuando están cerca del suelo. Ahora querían averiguar qué les pasaba al subir a la atmósfera. Los CFC son útiles y fáciles de manipular, y su uso era habitual cuando Molina empezó a estudiarlos. Los CFC se usan en máquinas que enfrían cosas, en fertilizantes y aerosoles, y en la limpieza de equipos. A principios de la década de 1970, cada año se desechaban millones de toneladas de CFC usados que ascendían a la atmósfera.

La primera tarea de Molina fue averiguar qué les pasa a los CFC en la parte más baja de la atmósfera. Descubrió que los CFC no tienen cambios allí. Pero Molina y Rowland sabían que los CFC seguían ascendiendo hasta llegar a la parte más alta de la atmósfera. Allí hay menos capas atmosféricas que protejan a los CFC de los rayos más

¿Qué son los CFC?

CFC es la forma abreviada de "clorofluorocarbono". Un CFC es un compuesto químico, o una mezcla, de cloro, flúor y carbono. Gracias al trabajo de Mario Molina y otros científicos, hoy sabemos que los CFC provocan daños en la atmósfera. ¿Pero por qué se empezó a usarlos?

La respuesta es sencilla: los CFC son muy útiles. No tienen mal olor. No son venenosos. No dañan otros materiales con los que entran en contacto. No arden. Al enfriarlos o comprimirlos, pasan del estado gaseoso al estado líquido rápidamente. Por su capacidad para enfriarse rápido, son útiles para mantener cosas a baja temperatura.

Antes de 1930, las sustancias químicas que se usaban en los refrigeradores y los acondicionadores de aire eran venenosas y destruían los metales con los que entraban en contacto. ¡Además apestaban! Así que, al aprender a usar los CFC, muchos se alegraron de contar con una sustancia química nueva que enfriaba las cosas sin ningún peligro ni mal olor.

Los CFC también eran útiles en los aerosoles. En forma de gases comprimidos, creaban la presión necesaria para rociar productos que venían en lata, como los fijadores para el cabello, las pinturas y los desodorantes.

Ahora que se sabe lo que pasa con los CFC en la atmósfera, se prohibió el uso de estos gases en forma de aerosol y ya no se usan tan a menudo para refrigerar cosas. Con algunos CFC, se pueden producir productos plásticos resistentes sin que haya peligro al hacerlo. Estos plásticos impiden que el calor pase de una parte a otra de una máquina. Como no se descomponen en partes, no contaminan el aire.

Algunos objetos domésticos de uso habitual, como esta lata de aerosol, liberan sustancias químicas que provocan daños en nuestro medio ambiente.

fuertes del sol, que rompen las moléculas de CFC.

Los CFC son moléculas compuestas por tres sustancias químicas: cloro, flúor y carbono. Cuando los rayos solares fuertes alcanzan los CFC, éstos se descomponen en las partes que los forman. Molina pronto notó que, aunque el flúor y el carbono no afectaban a la atmósfera, el cloro sí la afectaba, y mucho. Había comenzado la investigación sólo por curiosidad, pero ahora, él y el Dr. Rowland sabían que estaban trabajando en un problema grave que afectaba a toda la población mundial.

La parte de la atmósfera en la que las moléculas de CFC se empiezan a romper se llama **ozonosfera**. En esta capa de la atmósfera hay muchas moléculas de un gas llamado ozono. El ozono cumple una función especial: actúa como un par de lentes de sol para la Tierra porque deja que sólo algunos rayos solares lleguen a su superficie. La capa de ozono bloquea la mayoría de los rayos solares dañinos y no permite que lleguen a la superficie terrestre. Sin la protección que ofrece la capa de ozono, estos rayos de sol serían dañinos, e incluso mortales, para los seres vivos.

Cuando las moléculas de CFC se rompen, los átomos de cloro tienen tanta energía que pueden destruir la capa protectora de ozono. La investigación de Molina demostró que una sola molécula de cloro puede llegar a destruir ¡hasta 100,000 moléculas de ozono! Molina se dio cuenta de que la contaminación causada por los CFC era una amenaza terrible para la capa de ozono de la atmósfera. Si la gente seguía usando los CFC, nuestra capa protectora de ozono empezaría a desaparecer.

La capa de ozono actúa como una sombrilla que protege la Tierra de los rayos solares dañinos.

Molina y Rowland sabían que tenían que dar a conocer estos descubrimientos. En 1974, publicaron la investigación en una revista científica llamada *Nature*. Una revista científica es el medio en el que los científicos publican artículos sobre sus estudios y sobre lo que han averiguado. La revista *Nature* llega a miles de científicos de todo el mundo. Así que, la publicación de los descubrimientos de Molina y Rowland significaba que estos hallazgos eran muy importantes.

Sin embargo, debió pasar mucho tiempo antes de que se comenzara a reflexionar sobre los descubrimientos de Molina y Rowland y se decidiera hacer algo al respecto. Como los CFC eran sustancias químicas muy útiles en la superficie terrestre, nadie podía creer que causaran tanto daño en las partes altas de la atmósfera.

En sus propias palabras

"Cuando empecé a estudiar los CFC, no sabía que dañaban la atmósfera. En la primera parte de la investigación, sólo quería descubrir qué pasaba con los compuestos que no son naturales".

"Existe el mito de que las ciencias son un trabajo solitario…, pero, en las universidades, esto no tiene por qué ser así. Una gran parte del placer que nos brindan el aprendizaje y los descubrimientos está en la posibilidad de hablar sobre las ciencias con amigos y maestros. La satisfacción de aprender algo nuevo es mayor cuando se comparte".

La ozonosfera: el manto protector de la Tierra

El sol hace que la vida sobre la Tierra sea posible, pero los rayos solares también contienen una luz peligrosa para las plantas y los animales. Por suerte, la mayoría de estos rayos nunca llegan a la superficie terrestre porque nos protege una capa especial que está en las partes altas de la atmósfera: la ozonosfera. En esta capa, hay muchas moléculas de ozono, que bloquean los rayos peligrosos.

La ozonosfera es importante, pero también es delicada. Las sustancias químicas que contaminan el aire, como los CFC, destruyen el ozono con facilidad. Gracias al trabajo de Mario Molina, muchas personas se convencieron de que debemos asegurarnos de que el manto protector de la Tierra siga cumpliendo su tarea.

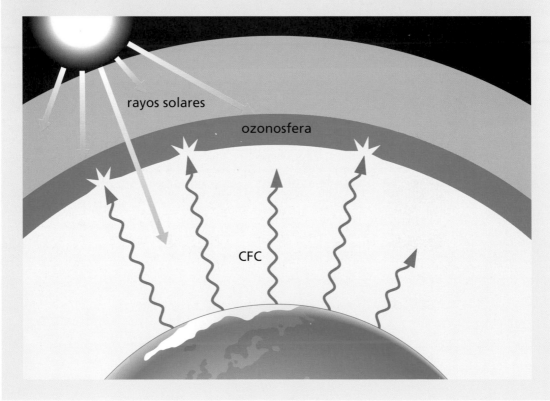

rayos solares

ozonosfera

CFC

Esta imagen representa el agujero en la capa de ozono de la Tierra.

Ésta es una fotografía de Molina, su esposa Luisa y su hijo Felipe en 1988.

Capítulo 4:
Un hombre que no baja los brazos

A partir de la publicación de su investigación en la revista *Nature*, Molina se volvió una persona muy ocupada. En 1975, comenzó a enseñar en la Universidad de California, en Irvine. En 1977, él y Luisa tuvieron un hijo, al que llamaron Felipe. Todo este tiempo, Molina continuó investigando otras sustancias químicas que afectan a la atmósfera. Luisa trabajaba con él en el laboratorio.

En ese entonces, Molina y el Dr. Rowland empezaron a hacer llegar sus preocupaciones sobre los CFC a las personas y a los gobiernos de todo el mundo. Hablaban en muchas conferencias científicas y publicaban más información sobre su investigación. En 1974, presentaron las **pruebas** que tenían a los miembros del Congreso de Estados Unidos. Como resultado, los gobiernos de muchos países del mundo se enteraron del problema de los CFC. Al poco tiempo, los químicos comenzaron a averiguar qué gases podrían reemplazar los CFC y no dañar el medio ambiente.

Las reacciones a su investigación

No todos estaban convencidos de que los CFC causaran tanto daño al medio ambiente. No sería fácil ni económico dejar de usar estas sustancias químicas tan prácticas. Incluso hoy en día, algunos países siguen usando los CFC porque no cuentan con las posibilidades económicas para cambiarlos por nuevas sustancias químicas. Además, algunas personas creen que la investigación de Molina y Rowland no es correcta. Sin embargo, Molina hace la siguiente observación: "Casi todos los científicos que estudian la atmósfera están de acuerdo" en que los CFC dañan la capa de ozono. "Algunos no están de acuerdo porque aún no vieron las pruebas".

Mientras tanto, las pruebas eran cada vez más convincentes. En 1982, después de enseñar durante siete años, Molina dejó la Universidad de California, en Irvine. Aunque le encantaba enseñar, quería dedicar más tiempo a la investigación. Así fue que empezó a trabajar en el Laboratorio de Propulsión a Chorro, conocido como JPL (*Jet Propulsion Laboratory*) de la NASA, en Pasadena, estado de California. Allí continuó trabajando sobre los CFC. En 1985, otro científico descubrió que la zona de la ozonosfera que está sobre la Antártida cambiaba en algunas épocas del año. En el invierno, el agujero se agrandaba. En el verano, se achicaba. ¿Qué estaba pasando?

Los cambios de la capa de ozono en el Polo Sur

Molina, su esposa Luisa y un equipo de investigación con el que ellos trabajaban decidieron averiguar qué estaba pasando. Montaron experimentos en los que simularon las bajas temperaturas del Polo Sur. En estos medio ambientes en miniatura congelados, pusieron ozono y luego agregaron átomos de cloro. Los átomos de cloro destruyeron el ozono, así como ocurre en la ozonosfera. Pero, a temperaturas muy bajas, estos átomos rompen las moléculas de ozono con mayor rapidez y facilidad. Así se pudo encontrar la explicación de por qué se había estado formando un agujero en la parte de la ozonosfera que está sobre el Polo Sur.

Molina, su esposa y su equipo se sorprendieron al descubrir que los CFC ni siquiera tenían que subir flotando hasta la capa de ozono para dañarla. El equipo de investigación de Molina también demostró que otras sustancias químicas dañaban el ozono en esa parte del planeta.

A pesar de los nuevos descubrimientos, había personas que seguían poniendo en duda que los CFC y otras sustancias químicas fueran realmente un problema grave. Nadie quería dejar de usar los CFC porque sería costoso cambiarlos por otras sustancias químicas. Pero, poco a poco, país por país, en todo el mundo comenzaron a decidir que había que hacer algo.

Rowland y Molina empezaron a investigar los CFC en 1973. Debieron explicar sus descubrimientos a muchas personas una gran cantidad de veces para que les creyeran. Pero tuvieron paciencia, que es otra de las cualidades que necesita un científico.

Molina y su esposa celebran la noticia del Premio Nobel.

El Premio Nobel

En 1995, la paciencia y el arduo trabajo de Molina se vieron recompensados. Él, el Dr. Rowland y un científico holandés llamado Paul Crutzen recibieron el mayor reconocimiento en el campo de la química: el Premio Nobel. Ésta fue la primera vez que se entregó el premio por una investigación sobre los cambios que producen los seres humanos en el medio ambiente. El debate sobre los efectos de los CFC en el medio ambiente había terminado. Aunque los descubrimientos de Molina se pudieran pasar por alto, ya no se podía poner en duda que eran ciertos.

Ganar el Premio Nobel es el sueño de cualquier científico en cualquier parte del mundo. Para Molina, fue una alegría enorme. Pero él sabía que el premio no le pertenecía sólo a él. "Creo que este Premio Nobel es un reconocimiento al excelente trabajo realizado por mis colegas y amigos que investigan en el campo de la **química atmosférica**", dijo.

En sus propias palabras

"Haber podido hacer algo que no sólo ayudó a comprender la química atmosférica, sino que también produjo un gran impacto en el medio ambiente mundial, me alienta y me llena de humildad".

"Debemos entender nuestro medio ambiente para saber si lo estamos alterando".

"Tengo mucha confianza en los niños y en los jóvenes. Creo que ellos están prestando cada vez más atención a los problemas de nuestro planeta. Ésa es mi gran esperanza".

El mayor reconocimiento

Alfred Bernhard Nobel fue un químico e inventor sueco. Cuando murió, en 1896, dejó toda su fortuna para que se entregaran premios anuales a quienes alcanzaran grandes logros en las ciencias y en las artes. Nobel, que inventó la dinamita y otros explosivos más poderosos, estudiaba, inventaba

cosas y mejoraba otras sin cesar. También escribía obras de teatro, relatos y poesías. Uno de sus mayores sueños era la paz mundial. Los premios que se entregan en su nombre honran a personas que hacen cosas importantes en los campos que él amaba.

Todos los años, se entrega el Premio Nobel a las personas cuya labor haya sido importante para la física, la química, la medicina o fisiología, la literatura, la economía y la paz. En estos campos, no existe mayor reconocimiento que el Premio Nobel. Año tras año, se presentan alrededor de 1,000 nombres al comité encargado del Premio Nobel para que se los considere en cada una de las seis categorías. Los ganadores del Premio Nobel son personas que se destacaron en sus respectivos campos de estudio y cuyo trabajo afecta a toda la humanidad.

Los ganadores reciben una medalla de oro, un certificado y una gran suma de dinero. Muchos científicos usan ese dinero para financiar sus investigaciones. Cuando Mario Molina recibió el Premio Nobel de química, donó 200,000 dólares del premio para los científicos jóvenes de los países que tienen pocos recursos para financiar las investigaciones científicas.

Los ganadores del Premio Nobel, Sherwood Rowland (izquierda), Mario Molina (centro) y Paul J. Crutzen, dan una conferencia de prensa durante la ceremonia de entrega de los Premios Nobel.

Molina se reúne con estudiantes en su despacho del MIT en 1990.

Capítulo 5:
El impacto de su trabajo

Cada vez más gente conocía la investigación de Molina y Rowland. Para fines de la década de 1970, muchos países, como Estados Unidos, habían prohibido el uso de los CFC en los aerosoles. Pero fue recién en 1987 que se puso en marcha un esfuerzo mundial para eliminar los CFC de la atmósfera.

Ese año, en la ciudad canadiense de Montreal, el Programa de las Naciones Unidas para el Medio Ambiente realizó una reunión a la que fueron personas de muchos países. En este encuentro y en otros que se hicieron después, las naciones acordaron que los CFC y otras sustancias químicas eran peligrosas y que tenían que prohibirse. Crearon programas para dejar de usar los CFC y decidieron aplicar **multas** a los países que continuaran usándolos. También les pidieron a los científicos de muchas partes del mundo que trabajaran juntos para encontrar nuevas sustancias químicas que reemplazaran los CFC.

En la actualidad, hay buenas y malas noticias sobre los CFC. Las malas noticias son que todavía no se prohibieron todos los CFC y que algunos países no cumplieron su promesa de dejar de usarlos. Las buenas noticias son que la cantidad de CFC en la atmósfera está disminuyendo. Pero hay una noticia todavía mejor: los científicos creen que la capa de ozono puede recuperarse por su propia cuenta. La luz solar es lo que produce moléculas de ozono, así que, todos los días sc forman nuevas moléculas de ozono.

Sin embargo, se cree que le llevará mucho tiempo a la capa de ozono estar tan bien como antes de que la dañaran los CFC. Algunos dicen que el proceso llevará unos 30 años. Otros, que podría llegar a tardar como 100 años.

Los años de enseñanza en el MIT

Mientras tanto, aún hay mucho que aprender sobre la atmósfera y sobre cómo la afecta el ser humano. Para continuar con su investigación en el campo de la química atmosférica, Molina dejó el JPL en 1989 y cruzó el país para comenzar a trabajar como profesor e investigador en el Instituto Tecnológico de Massachusetts. Para 1995, su hijo Felipe estudiaba ciencias en la universidad y Luisa volvió a trabajar a tiempo completo en el laboratorio de investigación.

Durantes estos años, Molina empezó a disfrutar de la enseñanza. Ya no pasaba todo el día en el laboratorio. Ahora dividía su tiempo entre ayudar a los científicos más jóvenes del laboratorio y dedicarse a sus

Instituto Tecnológico de Massachusetts

Mario Molina enseñó e hizo muchas de sus investigaciones en el Instituto Tecnológico de Massachusetts, conocido como MIT. El MIT es una de las universidades más importantes y reconocidas de Estados Unidos.

Su fundador, William Barton Rogers, trabajó muchos años para crear una universidad que formara estudiantes brillantes en las ciencias y la tecnología. El MIT estaba listo para abrir sus puertas en 1861, pero ese año comenzó la Guerra Civil. De modo que las clases se pospusieron hasta el final de la guerra. Finalmente, en 1865, quince estudiantes comenzaron a estudiar en la nueva universidad.

Las primeras clases del MIT se realizaron en Boston. En 1916, la universidad se mudó a Cambridge y comenzó a crecer. Pronto se hizo famosa en todo el mundo por su excelencia en las ciencias y la investigación.

En la actualidad, el MIT es una institución educativa de primer nivel que cuenta con 5 facultades, 34 departamentos académicos y muchos centros, laboratorios y programas diferentes. Allí se puede estudiar ingeniería, ciencias, economía y muchas otras disciplinas. Los estudiantes trabajan en proyectos de investigación en los laboratorios y centros de investigación del MIT; tienen la suerte de contar con profesores excelentes, entre ellos, muchos ganadores del Premio Nobel, como Mario Molina.

Uno de los edificios más modernos del campus del MIT fue construido por el famoso arquitecto Frank Gehry.

propios proyectos. Alguna vez había sido un estudiante que aprendía de sus profesores; ahora era un profesor que aprendía de sus estudiantes. Su grupo de colegas se volvió más numeroso. Para Molina, enseñar e investigar son actividades que van de la mano. La enseñanza le exige pensar con claridad y trabajar sus ideas con los estudiantes, mientras que la investigación lo ayuda a seguir aprendiendo cosas nuevas.

Las investigaciones de Molina siguen adelante. Una de las cosas que distinguen a un científico exitoso es la regularidad con la que publica artículos para que los lean otros científicos. Cada artículo compite con muchos otros para tener el privilegio de que lo publiquen. Los artículos publicados de Molina demuestran que él constantemente aporta conocimientos nuevos en su campo y agrega más información a lo que ya sabemos sobre la atmósfera. Este aumento continuo del saber y de las ideas es lo que permite que las ciencias avancen.

El éxito y la importancia de Molina como científico son evidentes: ha publicado más de 50 artículos. Ganar el Premio Nobel fue un punto culminante en su carrera, pero no era su único objetivo. Molina sabe que no importa cuánto aprenda, siempre hay algo nuevo y emocionante a la vuelta de la esquina.

En sus propias palabras

"Un [objetivo] es trabajar con mis estudiantes y ayudarlos a convertirse en buenos científicos. Otro objetivo difícil es trabajar con los gobiernos de todo el mundo para resolver los grandes problemas del medio ambiente".

Molina trabaja junto con estudiantes en su laboratorio del MIT en 1996.

Cómo limpiar nuestro hogar

Las investigaciones de Molina mejoraron nuestro planeta. Al demostrar que los CFC dañan la atmósfera y amenazan a los seres vivos, Molina convenció a naciones enteras de que redujeran la cantidad de CFC que usan. Pero no hace falta ser un químico ni un científico para ayudar a mantener limpios el aire y el agua del planeta. Aquí tienes tres maneras de ayudar a cambiar las cosas:

1. Recicla y reutiliza productos cada vez que puedas. No sólo ayudarás a que haya menos basura en los **vertederos**, sino que también conservarás los recursos naturales, como los árboles (que se usan para fabricar papel) y el petróleo (que se usa para producir combustibles y plásticos).

2. Camina, usa la bicicleta, o toma el autobús o el metro en lugar de pedirle a alguien que te lleve en automóvil. Si puedes dejar de ir en automóvil a la escuela o al parque, ¡hazlo! Estarás usando menos combustible y disminuirás la cantidad de gases que van a parar al aire. ¡Además, harás ejercicio!

3. Planta algo. Los árboles y arbustos limpian el aire y le devuelven oxígeno. ¡Además son muy lindos! Cuando en tu ciudad organicen un día especial para limpiar el parque o el barrio, y también para plantar árboles, ¡participa!

¿Qué otras formas de "limpiar" nuestro hermoso planeta se te ocurren?

Molina da un discurso en una Mesa Redonda sobre el Cambio Climático en la Casa Blanca, en 1997.

Capítulo 6:
Ciencias para el cambio

Hasta ahora, has visto que Mario Molina cambió y seguirá cambiando cosas en nuestro mundo al usar las ciencias para resolver problemas. Así que no te sorprenderá saber que Molina continúa estudiando las sustancias químicas de la atmósfera. Ya sea ayudando a científicos jóvenes, enseñando en el MIT, participando de una conferencia, o realizando sus propias investigaciones en el laboratorio, Molina busca todo el tiempo formas de usar las ciencias para ayudar al medio ambiente. A sus estudiantes les enseña que incluso los cambios más pequeños en el medio ambiente afectan al mundo en su totalidad.

Hace poco, Molina empezó a estudiar el problema de la contaminación del aire. Él y otros científicos del MIT, de Europa, y de México trabajan juntos para resolver el problema de la contaminación del aire en las grandes ciudades. Están analizando la Ciudad de México, donde nació Molina, porque sirve como modelo de otras ciudades. Molina sabe de primera mano que México se convirtió en una ciudad muy contaminada: "Se puede ver y oler. Te das cuenta porque no se ven las montañas que rodean la ciudad".

Cómo resolver el problema de la contaminación

En 1999, un grupo de especialistas de diferentes campos se unieron para combatir la contaminación del aire en todo el mundo. Comenzaron un programa llamado Programa Integral de Contaminación Urbana, Regional y Global del Aire. Todos aportaron ideas importantes al proyecto. Se dieron cuenta de que la contaminación del aire es un problema grave y que sólo se podrán encontrar soluciones si se logra que muchas personas trabajen juntas al respecto.

Algunos de los especialistas, como Mario Molina, son químicos que saben cómo se produce el esmog y de qué manera la contaminación puede afectar a los habitantes de la ciudad. Otros científicos son especialistas en meteorología (de qué manera el clima influye en la contaminación) y ecología (de qué manera la contaminación afecta a los animales y las plantas). En el programa, también participan urbanistas y políticos que saben cómo aplicar las soluciones. Otros son maestros, que les enseñan a sus estudiantes maneras de reducir la contaminación. También participan médicos, que ayudan a las personas a tratar los problemas de salud que causa la contaminación.

En este programa, la tarea específica de Molina es medir los niveles de

La Ciudad de México es la más contaminada del mundo. En esta fotografía puedes ver el esmog, algo habitual en la ciudad.

contaminación del aire en la ciudad. En los años 2002 y 2003, los químicos usaron los instrumentos más modernos de los que disponían para medir diversas sustancias químicas que había en el aire de la Ciudad de México. Las mediciones que se toman en la actualidad se compararán con otras mediciones tomadas en el futuro para saber si mejoró la calidad del aire.

Si las muchas personas que participan en el proyecto modelo de la Ciudad de México tienen éxito, otras grandes ciudades también podrán usar estos conocimientos para limpiar su propio aire.

Cómo alentar a la próxima generación de científicos

Molina dedica parte de su tiempo a hablar con los jóvenes sobre las ciencias y el medio ambiente. Dice que muchas personas deberían dedicarse a las ciencias porque todavía quedan muchos problemas para comprender y resolver. Está especialmente preocupado por las sustancias químicas del aire que causan el calentamiento global y la lluvia ácida. También le inquieta que se talen demasiados árboles y otras plantas para hacerles lugar a las construcciones nuevas. Las plantas limpian el aire y producen oxígeno, un elemento que los animales y las personas necesitamos para vivir. La contaminación del agua también es un motivo de preocupación porque debemos tener agua limpia para beber y regar los cultivos.

A veces, los estudiantes jóvenes le preguntan a Molina cómo pueden convertirse en científicos. Los consejos de él son de gran aliento para las personas que están interesadas en las ciencias. Primero, dice,

En esta fotografía, se ve a Molina junto con unos estudiantes durante un viaje a Oaxaca, México, en el año 2003.

"lean sobre las ciencias y sobre los científicos". Nunca dejen de sentir curiosidad, y "encuentren amigos que compartan los mismos intereses". Y no bajen los brazos. Para hacer investigaciones se necesita tiempo, paciencia y mucho trabajo, pero el esfuerzo bien vale la pena. Y agrega: "Pero quizás lo más importante sea que disfruten de lo que hagan. Si es así, lo harán muy bien".

En cuanto a Mario Molina, hace poco se mudó a California para enseñar en la Universidad de California, en San Diego. Pero su equipo de investigación continúa en el MIT y él sigue muy vinculado a esa universidad. Espera continuar investigando en el campo de la química hoy en día para ayudar a resolver los problemas del mañana.

Muchos honores

Antes de recibir el Premio Nobel, Mario Molina ya había ganado otros premios y reconocimientos.

1983	Premio Tyler
1987	Premio Esselen de la Sociedad Química Estadounidense
1987	Premio Newcomb-Cleveland de la Sociedad Química Estadounidense
1989	Medalla de la NASA al Logro Científico Excepcional
1990–1992	Becario del Programa Pew sobre Conservación y Medio Ambiente (*Pew Scholar on Conservation and the Environment*)
1995	Premio Nobel de Química, compartido con Sherwood Rowland y Paul Crutzen

En sus propias palabras

"Muchos niños latinos deberían convertirse en científicos porque necesitamos científicos de todo el mundo, de culturas diferentes. Hay muchos problemas difíciles para resolver y necesitamos la ayuda de todos para solucionarlos".

"Un buen científico puede hacer mucho por el mundo", dice Molina.

Glosario

ávido entusiasta

clorofluorocarbono (CFC) compuesto químico que contiene cloro, flúor y carbono; es útil para la industria, pero es dañino para la atmósfera

colega persona que trabaja en estrecha colaboración con otro profesional

consternado decepcionado

física ciencia que se ocupa de la materia y la energía; los físicos estudian la luz, el calor, el sonido y el átomo

interactuar afectar o influenciar unos a otros

investigación estudios y experimentos que dan lugar a conocimientos nuevos o al descubrimiento de información nueva

investigador químico tipo de químico que hace experimentos en laboratorios

láseres químicos de alta potencia instrumentos que se usan para estudiar las reacciones de las sustancias químicas y de la luz

mentor consejero sabio y de confianza

molécula parte más pequeña de una sustancia que tiene todas las características de esa sustancia

multa suma de dinero u otro tipo de compensación para castigar a una persona o un país por no cumplir con los términos de un acuerdo

ozono gas que absorbe los rayos solares dañinos en la atmósfera superior para impedir que lleguen a la superficie terrestre; en las partes más bajas de la atmósfera, este gas es un contaminante, y también un agente irritante y dañino

ozonosfera capa de la atmósfera que impide que los rayos solares lleguen a la superficie terrestre

perseguir hacer cosas para obtener o lograr algo

pruebas razones para creer que algo es cierto

química atmosférica rama de la química que se ocupa de la atmósfera y de la manera en que la afectan las actividades del ser humano

químico persona que estudia química, la ciencia que se ocupa de cómo están formadas las sustancias, cómo se comportan y cómo interactúan con otras sustancias

rebosar estar lleno hasta el punto de desbordarse

tecnológico perteneciente o relativo a la tecnología, que es el uso de las ciencias para resolver problemas en campos como el de la medicina, la industria o la ingeniería

vertedero sistema para deshacerse de la basura mediante el cual los residuos se entierran entre capas de tierra

Cronología

1943	Mario José Molina nace en la Ciudad de México el 19 de marzo.
1954	Viaja a Suiza para estudiar y para aprender alemán.
1965	Recibe el título de ingeniero químico de la UNAM.
1967	Termina una maestría en química en la Universidad de Freiburg, en Alemania.
1968	Emigra a EE. UU.; ingresa en la Universidad de California, en Berkeley; se une al equipo de investigación de George Pimentel.
1972	Completa el doctorado de química.
1973	Se casa con Luisa Tan, su compañera de laboratorio.
1974	Molina y Rowland publican sus primeros descubrimientos en la importante revista científica *Nature*.
1975	Comienza a trabajar como ayudante de química en la Universidad de California, en Irvine.
1977	Nace su hijo, Felipe.
1979	Lo ascienden a profesor adjunto en la Universidad de California.
1982	Se une al equipo técnico del JPL en el Instituto de Tecnología de California.
1984	Comienza a trabajar como jefe de investigaciones científicas del JPL.
1987	Naciones Unidas usa sus investigaciones para fomentar la prohibición de los CFC.
1989	Comienza a trabajar como profesor en el MIT.
1995	Comparte el Premio Nobel de Química con Sherwood Rowland y Paul Crutzen.
1996–hasta el presente	Continúa sus investigaciones sobre la química atmosférica.

Información adicional

Lecturas sugeridas

(Estas lecturas están disponibles sólo en inglés).

Chapman, Matthew, and Rob Bowden. *Air Pollution: Our Impact on the Planet*. New York: Raintree/Steck Vaughn, 2002.

Hauser, Jill Frankel, and Michael Kline. *Super Science Concoctions: 50 Mystery Mixtures for Fabulous Fun*. Williamson, 1996.

Hunter, Rebecca M. *Pollution and Conservation*. Chicago: Raintree, 2001

Kent, Deborah, and Michael Burgan. *Mario Molina: Chemist and Nobel Prize Winner*. Chanhassen, MN: Proud Heritage: The Hispanic Library. Child's World, 2004.

Newmark, Ann. *Chemistry*. New York: Dorling Kindersley Publishing, Inc., 2000.

St. John, Jetty. *Hispanic Scientists*. Bloomington, MN: Capstone Press, Inc., 1996.

Direcciones

Instituto Tecnológico de Massachusetts (MIT)
Centro para la Ciencia del Cambio Global
MIT 54-1312
77 Massachusetts Ave.
Cambridge, MA 02139

Coalición Nacional de Reciclaje
1325 G Street NW
Suite 1025
Washington, DC 20005

Índice

atmósfera 27–33, 37–39, 45–46, 51

CFC (clorofluorocarbonos) 6–7, 28–35, 37–39, 45–46, 51
Ciudad de México 10–11, 15, 53–55
Congreso de Estados Unidos 37
contaminación 54–55
Crutzen, Paul 40, 43

Guerra de Vietnam 24

Henríquez de Molina, Leonor 11, 13–14

Instituto Tecnológico de Massachusetts (MIT) 5, 44, 46–50
investigación química 11

JPL (Laboratorio de Propulsión a Chorro de la NASA) 38

láseres químicos de alta potencia 24

México 10–11, 53–55, 57
Molina, Esther 14
Molina, Felipe 36–37, 46
Molina, Roberto 11, 13–14

Nobel, Alfred 42

ozono 7, 31–33, 34–35, 38–39, 46
ozonosfera 31–32, 34–35, 38–39, 46

Paris 20
Pimentel, George 21–24
Premio Nobel 7, 26, 40–43, 58
premios 58
Programa de las Naciones Unidas para el Medio Ambiente 45
Programa Integral de Contaminación Urbana, Regional y Global del Aire 54–56
Proyecto Manhattan 22

química 8–9

radiactividad 25
rayos ultravioletas 34
revistas científicas 33, 49
Rowland, Sherwood 6–7, 25–28, 37, 39, 43

Suiza 14–15

Tan, Luisa 25, 36–40, 46

Universidad de California, en Berkeley 20–21, 24
Universidad de California, en Irvine 25–28, 37–38
Universidad de California, en San Diego 57
Universidad de Freiburg 19–20
Universidad Nacional Autónoma de México (UNAM) 17–19, 20

vertederos 51